영혼까지 따뜻한 하늘 우러러 보다

영혼까지 따뜻한 하늘 우러러 보다

임하초 시집

문화발전소

자서 自序

흩어져 있던 시를 모아 시집으로 엮습니다. 마분지에 싸 둔
아버지의 씨앗바구니처럼 사라진 고향 양화리의 소리와 냄새,
부모님과 가족의 추억 등을 담아 두었다가 꺼내보려는
마음을 첫 시집에 담습니다.

시인은 우리 아버지의 꿈이었을지도 모릅니다. 오남매 중 외동딸의
이름을 시인처럼 지어 부르고, 금강의 철새 소리 들으며 전월산
큰골 안의 활짝 핀 진달래 지게 가득 지고 올 때마다 나비들이
춤추었고, 아버지의 하모니카 소리는 고향의 밤도 잊을 수 없게
만들었습니다.

그러나 아버지는 고등학교를 보내지 못할 것 같았는지 마실 간
어머니 눈에 띄지 않게 저를 큰댁으로 급히 보내곤 입학도 하기
전에 사고를 당해 그 길로 아주 아주 먼 길을 떠나셨습니다.

딸을 보내곤 얼마나 보고 싶으셨을까…. 아이를 외국에 보내고
나니 이제야 느껴집니다.

시집 발간에 용기를 준 여러분에게 진심으로 감사드립니다. 특히
물심양면으로 응원해준 남편과 모든 식구들에게 고마운 마음
전합니다. 요양원의 친정어머니에게 이 시집을 보여 드리면
크림빵 하나만 못할지도 모르지만, 어머니 고맙습니다.

하늘에서 온 달란트라면 투영된 내 모습이 신 앞에 부끄럽지 않은
글을 쓰려 합니다. 성실한 삶이 곧 시가 되어 흔하지 않은 글을
쓰고 싶습니다.

첫 시집을 내는 5월에　林夏草

목차

자서 ——— 4

제1부
영혼까지 따뜻한 하늘 우러러 보다

영혼까지 따뜻한 하늘 우러러 보다 ——— 12
꽃씨네 지붕 ——— 13
매봉댁 아기여우 ——— 14
고향 1 ——— 15
고향 2 ——— 16
고향 3 ——— 17
고향 4 ——— 18
고향 5 ——— 19
고향 6 ——— 20
새벽에 온 물고기 ——— 21
허수아비 ——— 22
아버지 고맙습니다 ——— 23
아버지와 매화 ——— 24
유모차 ——— 25
어머니의 향기 ——— 26
섣달 생일 ——— 27
태양초 ——— 28
어머님이 꿈꾼 세상은 ——— 29
손가락 하나 접어드리고 - ——— 30
눈빛 ——— 31

제2부
떡을 나누다

떡을 나누다 —— 34
미련 —— 36
열한 번 —— 37
흑룡은 머리를 숙여라 —— 38
굳이 —— 40
기다릴게 —— 41
위선 —— 42
또다시 —— 44
오늘은 무너졌다 —— 45
채색되어 갈 때마다 —— 46
부탁해 —— 47
심장이 뛰고 있다 —— 48
밥 —— 49
가시로 울던 날 —— 50
이수과목 —— 52
무채색이 뚝뚝 —— 53
우산 속 내게로 들어온 사람아 —— 54
너무 —— 55

제3부
봄은 무엇으로 견디는가

봄은 무엇으로 견디는가 —— 58
봄의 예찬 —— 59
촉 —— 60
참새와 연통 —— 61
수줍은 목련 —— 62
여름 보내기 —— 63
남은 햇살 —— 64
폭염 —— 65
가을은 이미 —— 66
단풍의 품위 —— 67
홍시 —— 68
코스모스 —— 69
단풍잎, 이제사 —— 70
가을 기도 —— 71
방 문을 열면 —— 72
설국의 요정 —— 73
올겨울은 따뜻하겠다 —— 74
어미 소 —— 75
아침 이슬처럼 —— 76
김장을 한다 —— 77

제4부
누구나 읊조리는 시 한 편 있다

누구나 읊조리는 시 한 편 있다 —— 80
항아리 —— 81
쟁이의 촉 —— 82
종각역 1번 출구 —— 83
시인인가요? —— 84
커피향 —— 85
우지 강 투화 —— 86
1104호 강의실 —— 88
선택 —— 89
이젠 —— 90
청춘의 심장 —— 91
굴복 —— 92
진실 —— 93
건드리지 마 —— 94

제5부
여자는 신의 딸이 되었다

여자는 신의 딸이 되었다 ──── 98
시든 꽃은 가볍다 ──── 99
이 모습 이대로 ──── 100
Han이 보낸 꽃 ──── 101
뒤태 ──── 102
텅빈 사랑 ──── 103
이별 ──── 104
나이가 든다는 것 ──── 105
처음부터 사랑이었는데 ──── 106
밤새 ──── 107
꽃으로 살다가 ──── 108

해설
아주 착한, 사랑과 덕성의 노래
임하초의 시세계/조명제 ──── 109

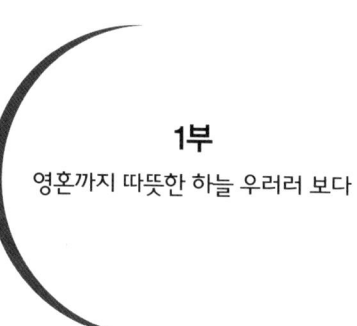

1부
영혼까지 따뜻한 하늘 우러러 보다

영혼까지 따뜻한 하늘 우러러 보다

교회 종소리 울리면
전월산 자락 휘감아 돌고
아버지는 아침 햇살을 지고 오셨고
아카시아 꽃향기로 단장하던 참새 오누이
어머니는 대문을 열어 두셨다
황금빛 들판을 쓰다듬던
하얀 황새 언제 돌아오나
욕심 많던 내 삶을 돌아보며

영혼까지 따뜻한 하늘 우러러 보다

교회 종소리 잠들면
별들의 춤사위 달도 훔쳐보고
누이동생은 화롯불 온기 움키고
새벽안개 품는 금강의 숭어 형제들
동무들의 얼굴이 눈에 선하다
폭풍 속을 가르던
물 찬 제비 언제 돌아오나
욕심 많던 우리 삶을 돌아보며

영혼까지 따뜻한 하늘을 우러러 보다

꽃씨네 지붕

들녘에 아지랑이 피어오르면
들마루 다락에서 아버지는
색 바랜 마분지 봉투를 꺼내셨다

무명실을 풀어 낼 때마다
갖가지 씨앗들의 탄성소리 들리듯
눈빛은 환희로 음흉해지고

아버지 손길보다
제비들은 더 분주하고
언년이 종종 걸음에
꽃씨네 지붕 열린 만큼
제비집도 성큼성큼 커졌다

매봉댁 아기여우

산 집 작은 창문 아래서
어린 여우가 배고파 컹컹 울던 밤
젖이 모자라 칭얼대는 아기 안고 새댁도 우는데
서러움에 무서운 줄도 모르고
막대기로 내쫓았다고
어머니는 여러 번 팔을 내저으며 흉내를 내신다

더 희미한 불빛이 조는 매봉댁 굴뚝 옆에서
쫓겨 온 어린 여우의 앓는 소리에
추운 겨울 자고나 가라고
그 집 새댁은 한숨 못 자고 참았다구

물동이를 이고
돌담을 돌던 새댁들은
새끼 여우를 그냥 보내서 미안한 맘에
아침밥을 굶었다고 옛적 일을 말씀하신다

밥 끓는 소리가 시끄러운데
젊어 배고팠던 날을 굳이 아침부터 꺼내서
눈물을 훔치시며
"밥 익는 소리가 좋다"
"찰기가 좋다"라고 했을 때
노인의 시장기 때문에 그랬나보다 싶었다

고향 1
-풍경

곰삭은 과일이
계절을 안고 툭툭 떨어지는 곳

몇 개 남은 홍시가 석양을 홀로 즐기고
전월산 산등성이로 올라가던 저녁연기
고향이 보인다

황금빛 들판에 노을빛이 연붉게 살포시 내려 앉아
개망초 흐드러졌던 강둑엔 쇠똥구리 뒷걸음칠 때
때늦은 콩중이 팥중이랑 부드러운 들길 달려가는
아이 보인다

노을이 맑게 채색된 하늘 보니
코스모스 흔들거리는 사이로
어느새 눈앞에는 날 반기시는
아버지 얼굴 보고 싶다

고향 2
-양화리

영등포발 열차 잠깐 졸다보면
어느새 내리기 아쉬운 조치원역
양화리행 마을버스엔 반가운 얼굴들
벌써 인사 나눴다

장남평야 황금 들판에
볏잎이 허예져 갈 때
메뚜기는 여전히 후다닥거리고
뚜벅뚜벅 황새걸음
살 오른 미꾸라지가 숨었다

볏가마니가 논에 많아도
어머니의 근심은 여전했었지
왕겨 속에 숨겨 둔 하얀 쌀자루
소식 끊긴 아들 올 때
씨암탉이랑 해서 보내려고
오래 숨겨 두셨다

고향 3
-옹달샘

은행나무 아래 작은 옹달샘은
들길에서 오던 사람들의 생수
명옥이랑 내가 단골이었죠

아카시아 꽃이 하얗게 필 때면
구름이랑 뒤섞인 샘물 바라보며
목마른 참새들이 꽃잎을 던졌지요

아카시아 꽃만큼 희어진 어머니 머릿결
필순이도 나도 맡겨진 자리 보살피고
맑은 물처럼 삶을 순응합니다

"옹달샘은 그대로 놔두지…"
괜한 억지였을지 모르지만
도시개발로 뭉개져 버린
고향의 샘터가 그립습니다

고향 4
−정자동

고향 집이 없으니
양화리 땅이 낯설고
정자동 이름도 낯설고

고향 땅 새 집마다
외지 사람 아무리 많아도
내 고향 사람 한 사람만 못하다

고향 인심 없어지니 동촌마을 끝자락
앵청이* 물맛도 옛맛이 아니다

바람마저 도회지 바람이다

*앵청이 : 세종시 양화리와 반곡을 오가던 앵청이
나루에 있던 옹달샘

고향 5
-125번지 문패

철 대문 콘크리트 기둥에
문패는 양화리 125번지
여전히 선명한데

고물장수 아저씨 여지없이
철 대문 떼어 놓고
마루 밑과 헛간의 쇠붙이들 모아
콧노래를 불렀겠다

마당에 쌓인 방 문짝들
마구잡이로 부수어 내치는 걸 봤다면
선량한 고향 어른들 평생 원수 삼을 테지만

어머니가 베던 베개 하나 가져와
눕던 자리에 놔 드리며
문패라도 가져올 걸
양화리 125번지 고향집 생각하면
그리움뿐이다

고향 6
-가로 길과 세로 길

가로 길 고향 들길 위로
세로 길 자동차 길 생겼다
참새도 피하는 반듯한 새 길엔
자동차만 달린다

들길에 해 뜨면
경운기의 쇠똥 냄새 흥이 났지만
해 지는 바쁜 도시 길은
자동차 기름 냄새로 얼굴을 감싼다

들길에 피어나던 아지랑이
아스팔트 뚫고 올라와선
검게 변한 제 모습에
웅덩이로 변한 큰 샘을 본 나만큼 놀랐겠다

가로수 길 따라 산책하는 사람들
금강다리 불빛만 바라볼 뿐
들길을 그리워하는 애잔한 맘은
고향사람들뿐이다

새벽에 온 물고기

허름한 지게 위 천막이
모래무지 밤이슬을 막아주고
새벽에 온 물고기
아버지 낚싯대를 짓궂게 흔들었지

잠결에 놀란 강물은 물안개가 되어
굴뚝 속 참새처럼
금강의 아침을 깨웠지

지게에 짊어지고 온 잉어는
안개 속에서 펄떡거리고
장어는 마당에서 헐떡거렸지

낚시코에 걸린 인연
우리와 한 몸 될 천륜
너뿐만은 아니었지

허수아비

날렵한 제비가 태풍을 거슬러 오면
텃새에게 몸 자랑하던 들판에서
난 참새 쫓으려 박수치는 허수아비였답니다

깡통 두드리는 소리 듣고도
허수아비가 두 팔을 벌릴 뿐
춤추지 못할 때 나 혼자 춤도 췄지요

찬 서리로 가을과 겨울을 맞대고
이삭몰이 하는 참새들 수다할 때
난 노래하며 집으로 달렸답니다

외다리로 겨울을 나야 하는 허수아비
구멍 난 모자에 첫 눈이 쌓이면
난 아버지 지게에 업혀 왔답니다

아버지 고맙습니다

늦가을 피던 국화
사분사분 첫눈 고이 내리자
양지바른 곳에서 고개를 떨구었지요

못다 핀 국화 몽우리 흔들며
"제때 펴야 쓸모 있지" 하시며
허리춤을 묶어 주시던 아버지의 손길로
긴 한파와 여름 태풍도 이겨냈습니다

제때 공부시키려 큰집 보내주셨는데
아버지는 아주 먼 길로 가셨다고
아직 입학도 못한 날 들려온 소식
고개 떨군 국화 옆에서 많이도 흐느꼈습니다

"앞자락 단추 잘 끼우고
신발 꺾어 신지 말고
바르게 앉아라.
꼭꼭 씹어 더 먹어"
오남매 다잡아 주신 아버지 고맙습니다

아버지와 매화

입춘 절기 지나
때늦은 하얀 눈 매화 송이 위로 휘몰아쳐도

뜨락 아래 돌절구 옆 매화가 하얗게 피어
아버지는 금세 봄이라며 좋아하셨습니다

눈송이 둥둥 이고 꼿꼿하던 자태
한기寒氣에도 주눅 들지 않은 매화
봄의 전령사였습니다

아버지의 매화꽃 다시 볼 수 없으나
빈집 황토 위 하얀 눈 내리면
아버지도 매화도 다시 생각납니다

유모차

들길 몇 바퀴씩 돌던 엄마의 낡은 유모차는
시골 때가 한가득 묻어 있어도
고향 햇살이라 괜찮았지요

내 아기 조심스레 밀고 오듯
무 배추 유모차에 앉혀 놓고
당신의 상체는 허공에서 흐느적거리는데
힘껏 힘이 들어간 흙 묻은 어머니의 궁둥이
아픈 다리를 지탱하셨지요

늦은 해거름에 호박 몇 덩이 더 실어 주고
양 팔이 부들거릴 텐데 꼬부라진 손 연신 흔들며
자식 간 길 바라보며 울던 어머니

마당 한 구석에 유모차는 놔두고
이제사 자식 집에서 따뜻한 밥상 받고
고향 햇살처럼 환하게 웃습니다

어머니의 향기

"종아리 때 좀 봐봐!"
아기가 되어 버린 어머니께
실타래 때를 들이대며
팔뚝도 박박 밀었다

비누칠로 출렁거리는 젖가슴은
뿌연 거울 속에서 흔들거리고
말랑한 뒤꿈치가
굳은살이 아니라서 낯설다

겨우 한 꺼풀 벗겼는데 송사리 껍데기처럼
깔딱거리는 정강이 비듬
조금씩 떨어내는데
장마철에 줍는 생의 조각 비릿한 냄새가
주름골보다 깊은 마음골로 꼬리 감춘다

섣달 생일

"섣달이니 눈이 온다…"
어머니의 기억은 딸을 처음 만났던
섣달 보름 눈 내리는 새벽으로 가곤 한다

터울이 고만고만한 아들 셋이
새벽 추위를 못 이겨 칭얼대다가
힘겨운 산모의 진통 소리에 놀라
피투성이 갓난 여동생 빤히 바라보고
뜨거운 물 한 모금 마시지 못한 산모
미역국마저 아이들이 훌훌 마셔 버렸다나

"엄마, 오빠들 야단치고 엄마 먹지…"
내가 세 아이 모두 춘삼월에 낳고도 온몸 떨리는데
섣달 보름 문풍지 떨리는 그 새벽
아버지 서울 간 사이 날 낳으셨단다

섣달 보름 추위
어김없이 찾아들면
엄마 계신 고향을 향해 절을 한다
"엄마 많이 춥네 오늘 내 생일이야"

태양초

밭고랑에 숨어 흘린 땀방울
가을바람에 빨간 고추랑 바삭 말라
여름 햇살과 버무린 간절한 소원은
서울 가서도 뱃심으로 세상 이기라고
항아리 배만큼 옹골지게 당부하셨지요

몽글몽글 피어나는 고향 맛
식탁의 그릇그릇 싱싱하게 살아 숨 쉬고
태양초로 차린 밥상 입술마다 화끈거려
어머님 손맛에 한파도 거뜬하게 삽니다

어머님이 꿈꾼 세상은

"니 아버지 무덤에 흙도 마르지 않았다"
세상에 이럴 줄 몰랐다며 초상 날보다
더 서럽게 우셨습니다

타지로 나와 산 지 이미 오래인데
어미 마음을 어찌 살피랴
환갑 지낸 세 아들 구십 노모 서러운 울음에
텃밭 가에서 어쩔 줄 몰라 하고 있습니다

아버지의 빈 휠체어에서 머물던 바람은
살구꽃 밟히는 아래마당에 쌓이고
저녁밥이 늦었다고 허풍떠는
풋고추 한 움큼 쥔 며느리가 민망했지요

어머님이 꿈꾼 세상은
어떤 세상이었을까요

손가락 하나 접어드리고

구십에 하나 모자라는 엄니는
증손자랑 함께
새해맞이 케이크 촛불을 끄면서
"왜 그랴… 뭔 날여…"
떡점 건져 드리며
"설날이자녀. 엄마 보고 싶어 다 모인 거여"
"나이 한 살 더 잡수시는 거여"
시부렁한 아들 말에 화들짝 놀라신다.
"지랄하네…"
눈을 부릅뜨시며
언제 일 년이 갔냐는 표정으로
백 살 가까워진 구십에
떡국 맛을 잃으셨다

아들은 얼른
엄니 나이 손가락 하나 접고
증손자 여린 손가락은 하나 펴 주었다

눈빛

까치 떨어져 죽는 날이라는
아버지의 걱정은
산야 구분 없이 눈 속에 파묻혔기 때문이었다

굴뚝 온기로 사는 참새들은
개밥을 넘보는 까치들에게 꼬집히며
며칠째 한겨울을 나기 위한 투쟁을 했었지

눈 내린 서울의 아침
뜨락에 참새 모이 주던 마음으로
베란다 화분대에 쌀 한 움큼 주는 것은

그때처럼
나뭇가지에서 배고파 꽁지를 움찔거리고
하얀 눈을 떨구는 참새 바라보는
어머니의 아련한 눈빛이
고향을 찾고 계셔서였다

2부

떡을 나누다

떡을 나누다

따뜻한 떡이 있는 곳은
언제나 잔칫집이다

노래와 춤이 있어
서로를 축복하는 곳

덕이 있는 사람의 집은
행복이 있는 집
웃음이 넘치는 집이다

덕은 떡에서 유래되어
떡을 주어야 덕을 쌓아 가는 거라지

덕을 쌓아 두면
후일에 사랑하는 사람들이
마음을 맛나게 하는 거라지

덕이 있는 집은
맛난 떡도 가득한 집일 텐데
오는 사람마다

떡도 먹고 덕도 나누고

덕이 있는 사람은
맛난 떡이 눈에서도 입에서도
마음을 술술 나누는 사람이니

떡 하나 주면
가슴엔 따뜻한 덕이 쌓인다

미련

오십여 년 오롯한 모양으로
할 말을 하며
한 맛을 느끼며 살다

갈바람 부는 길바닥에서
억지 입맞춤 했더니
허리가 꺾여 넌 말없이 가버려
버스를 세워 놓고 한참이나 찾았지

밤새 남은 이는 심히 아파 떨고
미련을 갖지 말라고 아이들은 말렸지만
미련하게 난 열흘을 기다렸어

고통의 몸부림에 전율하다가
미련 없이 발치拔齒하고
솜뭉치 악물고 나선 오후
미련 떠는 한심한 환자라고
눈초리 찌릿 하디군

미운 일곱 살 이갈이 하는 아이처럼
인생 육십부터인데 새 이 준비했으니
환갑 땐 고른 이로 갈비 좀 뜯을 수 있겠어

열한 번

창 밖 정원수에
까치부부가 집을 짓는다

머리 검은 짐승 거두지 말라 했는데
대가리가 검은 것이 맘에 걸린다

사람이 아닌
날짐승인데 어떠랴

내일이면 열흘인데
먹을 것을 줘야 할지

세차장을 가면서 열한 번 고민하다
후회할 결심을 하고 만다

흑룡은 머리를 숙여라

천년의 사연을
지금 바로 즉시 말하려고
번개 치고 굉음을 내는 흑룡처럼
지진이 난다는 말에
내 심장은 놀라 검붉다

수천 번 밟힌 억울한 사연이 있느냐
한번 터진 심장으로 정의를 다 보여줄 수 없어
끓는 속 견디는 모습인지
버짐처럼 액상화로 보여주고 있구나

신의 발등상이 아직 그대로일 때
그의 공의의 자비를 구할 뿐
격망된 사연은 지옥에나 버려라

흰눈처럼 사뿐사뿐 온다 해도
온몸이 너무 떨려 토악질이 난다 하니
지각을 터치지 말아라

아장아장 걷는 아기
꽃잎으로도 놀라 경기하다 넘어질까
신의 자비로 그의 손을 잡고 있다

기한은 신의 수에 있을 뿐
검은 머리 곱게 숙여라

굳이

땅 밟고 살다가 갑갑하게 느끼기도 한다
각각의 삶터가 다르지만
나름의 방식에서 하루하루를 보내는 분주함은
고민이 아니라 삶이라 여기니 한결 가볍다
굳이

꽃 위의 나비가 휘어진 빨대로 당황하여
거친 숨을 몰아쉴 때도 있을 테고
높이 날던 독수리는 고독해서
눈물을 흘리는지도 모를 일이다
축축한 땅 속에서
꿈틀거리는 굼벵이가 숨찰까 봐
쉬엄쉬엄 간다는데
비단자락 휘감은 번데기가
남이 제 부러워한다고
우쭐거린다는데
굳이

누구 삶이 더 모자라거나 나은 것이 아니고
그렁저렁 삶으로 여기니 한결 평온하다

기다릴게

떠나가는 사랑아
붙잡고 싶어서

몸부림으로 고함치며
눈물을 감추면서
애원할 수도 있지만

너의 행복을 빌며
괴로운 나를 달랠 수 있어

떠난 너를
용서한다는 것이 아니라
더 행복하다니
그것이 나의 행복이기 때문이야

나를 잊고서도 살아갈 수 있다니

너의 행복을 위해 견딜 테니
혹시라도
다시 찾을 때
기다릴게

위선

어릴 적 친구와의 만남은
나를 순수하게 한다

잠시
궁핍함이나
모자람을 감추다가
평범한 이야기
살아가는 모습 그대로
말해 버릴 때면
어릴 적 순진한 나를 발견한다

사실을 보여 주며 살아가면
왜 내가 초라해 보일까

좀 더 있는 척
좀 더 아는 척
좀 더 화려한 것이
나를 지키는 것일지

위선의 얼굴

교만의 눈빛

거짓의 향기도 털어 낼 수 있다면

수수한 모습

하루의 진실을 구해 본다

또다시

어눌한 목소리로
어색하게
슬픈 사랑을 말하지 말자

세월 속에 감추어 두고
아름답게 성숙되어
서로에게 상처가 아닌
진실이 되었을 때
아름다운 사랑이었다고
추억처럼 말해 보자

맞잡은 손도
어색함이 없을 때
구차한 변명도
삶의 진실이 되어
편안히 기대앉아
지난 사랑을 스스럼없이
오래토록 얘기할 때
아름답게 빛나는
우리의 우정
또다시 추억하며
살아가자

오늘은 무너졌다

그날은 서로가
순수한 사랑이었기에
온 맘으로 받아들였는데
그날처럼 여전한 마음이
그래야만 하는데
돌아선 너의 걸음만큼
나도 멀어지더니 바보같이 울고 있다
후회하지 않으려고…

아름답던 추억은 빛을 잃었는지
많은 추억은 눈물 되어
구덩이로 사라져갔다
버려서는 안 되는 이야기마저
파도에 휩쓸려 사라지듯
맑고 잔잔한 것이
내 자신에게 용서하기 싫었는데

죽순처럼 다시 솟구치는
너의 모습들
오늘은 나를 무너지게 한다

채색되어 갈 때마다

내 마음이 너의 생각으로 잠겨 있을 때
너도 내 모습이 떠오른다면
오늘도 행복하련만

하얀 종이 속에서
너의 모습 채색되어 갈 때
숨소리가 내게로 들리는 듯
손끝까지 떨려 잠시 숨을 고른다

뜨거워진 내 사랑….

어두워 가는 창 밖의 봄바람에
가쁜 숨 삭히려는데
목련마저 너의 얼굴이 되어
하얗게 다가올 때
지워지지 않는 너의 모습
차라리 가슴 속에 품고 산다

부탁해

출산의 비명은
살기 위한 핏발에서 드러나는 사연
눈을 감고 목 놓아 울던
맨 몸뚱어리의 첫 울음

비명과 발버둥 치는 고함 속에
결국 피 끓는 사연들이 인생이거늘
젖 빨던 힘까지 다하고
세상 못할 것 없을 듯하니

젖을 힘껏 빨다가
진주알처럼 맺힌 콧등의 땀이
어미의 혀끝에 달콤한 맛과 향기
그때처럼 숭고한 날이 없거늘

심장이 뛰고 있다

기다리고
있었다고
말하지 못하고

사랑한다고
말하지 못하고

내민 손끝만
떨려오는데

뜨거운 마음
견디다 못해
가만히
껴안아
내 어깨를 다독이면

당신도 나처럼
심장이 뛰고 있어
나를 사랑함이
진실인 것을
온몸으로 느낍니다

밥

호박 먹는 수저는 짧다
미역국 먹는 수저는 길다

엄마랑 밥 먹는 시간
엄마가 나 쳐다봤던 시간만큼만
엄마를 쳐다보려고 애쓴다

한 숟가락 더 먹어야 돼

밥은 남기지 말고 다 먹어야 하는데
그치?
엄마

가시로 울던 날

어둠이 꽉 찬 날 바닥의 쪽잠이
아픈 것이 아니라
유리창 너머 사단의 올가미에서
허우적대는 영혼들
다시 손잡을 수 없겠다는
공포가 밀려왔기 때문이다

땀방울과 핏방울이
유리창 온 몸에
너무 엉키어
가는 세월을 붙잡고 있다

사단은 사랑을 제 입에 삼키고
천사의 말로 춤추게 한다
얼마나 바쁘게 살아야
상처 난 등과 멍든 발바닥 속에
감춰진 굵은 가시를 빼 낼 수 있을까
아직도 웅웅 우는 소리가 들린다

그날

첫 예배를 급히 드리고

먹다 남은 주먹밥을 싸 들고

놀란 맘 성전 바닥에 무릎을 꿇었을 때

날카롭게 부딪히는 유리 파편 소리

가슴보다 깊은 영혼으로

손끝까지 다시 전해지자

무기력증에 잠시 빠져들었다

따스한 맘으로

추억의 김밥 한 토막 서로 나누는

그날이 속히 와야 하는데

푸념이 아닌 진실이

발바닥 그 아래까지 전해지는 날

눈물 속 노래는 환송일 것이다

이수과목

넘어졌다 일어나 다시 걸어간다

일어나는 연습이 더 중요한 것을

아는 것이 인생이다

유치원 교육 이전에 터득해야 할 과목이다

무채색이 뚝뚝

찬바람 거세게 불고
석양빛마저 무겁게 보여
참새 깃털이 오므라지는 듯했다
논바닥 지푸라기에 서릿발이 내리기 전
서둘러 앞자락 여미야 하는데
허수아비는 여전히 얇은 옷고름이 너풀거렸지

가을이 바닥에서 짓문드러지면
무채색이 뚝뚝 떨어져 쌓여
유채색과 조화를 이루게 하려고

가을은 이미 저 멀리
그리고 아주 높이 가 있어
눈 시린 파란 하늘 가득했지

우산 속 내게로 들어온 사람아

우산 속 내게로 햇살처럼 들어온 사람아
남겨진 빗방울 햇살 품어 저렇게 아름다운데
내 마음 아직 아파 추억을 저 멀리 보내야
무지개처럼 아름답겠지

우산 속 내게로 햇살처럼 들어온 사람아
뒤돌아선 빗방울 햇살 품어 저렇게 아름다운데
내 마음 끝나지 않아 말하면 떠날까 봐
무지개처럼 다가서지 못해

빗속에서 만난 햇살 안고
너를 위해 아픔 치장하고
다가서면 안 되는 사람아
약속을 잊지 말자
무지개가 사라진다 해도

너무

참을 수 있니?
이런 추위보다 얼마나 큰 추위도 이겼단다
그런 바람보다 더 큰 폭풍도 견뎠단다
봄볕에 빼꼼빼꼼 내다보는 아가야
너무 놀라지 마라

하얀 눈이
꽃처럼 예쁘고 솜털처럼 가볍지만
겨울 꽃이라 차갑단다
그의 찬기가 몸속으로 파고들어도
너무 몸부림치지 마라

곧 사라질 거야
햇살에 지는 눈꽃이
봉오리 위에서 잠시
너의 향기를 시샘하는 추위니
너무 웅크리지 마라

3부
봄은 무엇으로 견디는가

봄은 무엇으로 견디는가

마른 가지 끝에서
숨길 수 없는 나무의 열정
시인의 시간에선 이미 꽃을 본다

어느 날 갑작스러운 소나기에
무지개의 화려함만 기억하지 않고
가을에 떠나는 것에 슬퍼도
후회로 노래하지 않는다

하얀 눈이 햇살을 가려서
낙엽 속 풀벌레 아우성이
시인이 부른 봄으로 견디고 있다

시를 쓰는 손끝이 오늘도 아름답다

봄의 예찬

서둘러 핀 봄꽃
잠시 마주친 눈길에 평생 잊지 못함은
그의 외침을 알기 때문이지

화려한 갈잎을 땅속 온기에 곰삭혀
메마른 등줄기 통해서
홀로 떨던 가지 끝까지 용기를 주었지

얼마나 사랑스러운 계절인지
향기도 절제하고 얇은 꽃잎 파르르 떤다
봄이 너무 짧아 그대가 모를까봐
내 사랑 모르듯이

촉

논두렁 검부러기 사이로
촉이 나던 날
냉이는 나물이 되고
쑥은 약이 되고

텃밭 참새 발자국 사이로
촉이 솟던 날
채신머리없는 것은 잡초였고
섣부른 것은 민들레였다

촉이 같아 보이나
봄기운 한나절이면
약초가 될지
쌍떡잎이 될지
아니면 해독초가 될지 빤히 보인다

참새와 연통

삼월이 되기 전 비가 왔다
비를 그리워하는 어떤 이를 위해
삼월이 참아 주었다

따뜻한 기운이 새어 나오는 연통
겨울비를 말리는 참새가
소리 없이 들락날락 분주하다

모르는 사이일 텐데
포근함을 나누는 올 봄도
따뜻한 기운이 꽉 차다

수줍은 목련

봄볕이 다정하게 스민다
연인의 품속이 이렇게 포근할까

사랑을 들킨 어여쁜 여자처럼
불거진 진달래 곱게 피고
거리의 연인들처럼
제비꽃이 웅성웅성 필 때면
그리움을 품고
하얀 목련도 수줍게 피었다

사랑에 목마른 연인들
봄이 다 가기 전에
사랑을 고백할 수 있을까
아직도 말하지 못한
수줍은 여자 봄 햇살에
타들어 가고 있다

여름 보내기

봉숭아 씨앗 주머니 터질 때
쥐똥만한 분꽃 씨앗 위에 부딪친 소리
마른장마를 대신합니다

콩 단이 먼저 누레지고
깻단 위에 도리깨가 폭염을 후려쳐서
여름을 보냅니다

할머니 무릎 염증처럼 물컹해진 고추
어머니는 희나리가 되어도 아까워서
여름햇살 겹겹이 쌓아 놓고 감사기도 합니다

남은 햇살

봉숭아는 남은 햇살
아이들 손끝에다 주었고

채송화가 먹고 남은 햇살
사과가 서서 먹고 있다

노인은 여름이 남긴 햇살
빨간 고추 뒤척이며 꾹꾹 채우고

잠자리 따라 아이들도
남은 햇살 더 마시며 까륵까륵 웃는다

폭염

줄 따라 옥수수 맛 들고
원 따라 해바라기 야물어지고
풋사과는 서 있고
호박은 앉아서도 설익지 않으며

고추가 사뿐사뿐 빨개지고
참깨는 콩처럼 속 터치며
사람 사는 모양처럼 제각각 영글고

삶이 아픔 속에서도 철들어 가는 것처럼
두꺼운 껍질 안의 땅콩이 어둠 속에서도
서로의 체온을 만지며 성실히 여문다

키질로 갈무리할 날 곧 오는데
또 하루 사라진다고 칠 년간 할 말을
매미가 여름 한 날 축복으로 울고 있다

가을은 이미

둥굴대는 수박 속이 부풀 만큼 부풀어
폭염에 지척대는 사람들
입도 배도 크게 하고

날카로운 햇볕들이
빠르게 고추 안에 들어가
이곳저곳 만나는 대로
매운맛을 진하게 한다

매미소리에
푹 익은 여름이 실감 나
여름 고함인 듯 정신이 번쩍 들어

가을이 잠입한 것을
코스모스 몇 개로 확연히 보았으니
여름을 담아 둘 항아리
서둘러 찾아봐야겠다

단풍의 품위

눈부시지 않고 탁하지도 않게
곱게 단장하여 품위 지킨 단풍을
가을 내내 훑어보고 만져보았습니다

찬바람이 끌고 다니다 모퉁이로 내동댕이쳐도
오히려 담벼락 아래 모여
햇살에 몸을 맡기고 서로의 어깨를 다독이며
속삭이는 소리 바람결에 들리는 듯합니다

날카로운 첫서리는 막아 주자고…

그곳은 마지막 벌레의 안식처며
새싹의 요람일 테니까요

단풍의 품위는 덮어주는 것이라는
아름다움을 새삼 알겠습니다

홍시

가을에 푹 익었다
날짐승 주둥아리가 닿지 않았다면
울 어머니 홍시 맛나게 드셨을 텐데

썩은 고기 물던 금 간 부리 때문에
단물이 땅에 흐르고
걸쭉한 진액마저 빠졌다

모진 태풍에도 견뎌
청청한 하늘의 빠알간 저녁놀 닮아
주인 눈에 담아 두었어도

굶주린 날짐승의 발가락 사이로
붉게 흘러내리는 홍시를 보고
주인은 몇 개 더 그들의 몫으로 두고 돌아섰다

코스모스

친구랑 볼 때도 예뻤다

아버지랑 볼 땐 더 예쁘다

가을이 오면

코스모스가 정말 보고 싶다

단풍잎, 이제사

담아 둘 것이 없어서
여름 뜨거운 태양을 품고 있나

보냈어야 하는데
태풍을 품었다고 힘자랑 했나

오지랖을 버렸어야 하는데
제 몸 망가질 줄 모르고

찬바람 불어서야
숭숭 구멍 난 민낯 부끄러워

밟혀 부서져 흩어지며
머물 곳 찾아 떠나는 모습

단풍잎, 이제사
겸손하고 차분해진다

가을 기도

탐스러운 단감의 자태와 빛깔
첫 열매의 사각사각한 질감에
단물이 은은하다고 아버지는 흐뭇해하셨지

계절 따라 모진 바람과 추위로
잎사귀는 수십 번 바뀌어도
단감 맛은 한결같이 그대로인데

사람들의 양심은 늙음보다 빠르게 변색되고
깨끗하던 심령이 같잖게 삭아 버려
무릎 사이 머리는 의구심으로 떨고 있다

서편 늦햇살과 북풍 먼지가 심해서겠지
어머니의 가슴으로
가을엔 기도한다

방 문을 열면

귓불에 오래 매달려 속삭이고
턱 밑까지 간질거리던 찬바람이
목덜미 아래로 미끄러져
놀라 목도리를 움켜쥐었다

나뭇가지에 걸터앉아
윙윙 유혹하는 바람은
서둘러 집으로 가던 중
머리카락을 휘감아 당기고

휘청거리는 발밑엔
어느새 얼음까지 깔아 놓고
궁둥이를 비벼대고
결국 앞여밈마저 열고
손은 이미 얼음판을 쓰다듬고 있었다

민망하여 빙 문을 열면 먼저 들어간 겨울바람
솜이불 한 채 덮어 주었더니
머리부터 발끝까지 잘근잘근 밤새 날 두들겨서
애무 아닐 테면 가라고 호통친다는 것이
큰 기침소리에 새벽잠을 깬다

설국의 요정

뽀드득뽀드득 맑은 소리
떨림과 울림
숨소리를 조절하고
하얀 눈 위에 자꾸 발을 올려놓았다

너른 들판에서 내 모습은
점 하나 되고
뒤돌아 본 은행나무 위 전월산과 기와집
물안개 속에서 떠다니는 듯 보여
요정의 성인가 착각했다

다시 휘날리는 눈송이
걸어온 발자국을 아주 지워버려
추운 줄도 모르고 설국의 요정처럼
들길로 들길로 자꾸 걸었다

올겨울은 따뜻하겠다

발그레한 감은
노란 은행나무 너머
노을빛을 훌려 휘감아서
탱글탱글 숙성된 모습이
수줍은 소녀의 젖가슴 같다

바람 타고 내려온
홍시 몇 개 받아다가
꿀 항아리에 넣었다가 꺼내면
땡감도 꿀맛이 되니
겨울밤엔 손가락 끝도 꿀이었어

빈 감나무 가지 애무하는 햇살
담벼락 아래로 모인
소녀들에게 다가가면
간지러운 듯
호호 불며 오래 놀곤 했지

동무 찾아갈 때
내 등을 오래 따라오던 그 햇볕이
시린 손에 비벼대다 민망한지
창가에 매달려 있다
올겨울은 따뜻하겠다

어미 소

초겨울 어미 소의 입김이
쟁기질하던 때처럼
허옇게 추위를 뱉어 내면
거적때기로 때때옷 하나 얻어 입고
외양간 햇살을 마시며
점잖게 되새김질 한다

눈 쌓인 텃밭 고랑에
어린 송아지의 철없는 뜀박질
코뚜레 없어 망나니로 뛴다고
아버지 야단치시면 외양간 어미 소
우 워~~나무라는 소리
할아버지 소리 같다

쌀겨를 더 넣어 쑨 영양 죽에
성급히 다가오는 송아지를 막아서는 어미 소는
구유 여물을 식혀서 혀끝으로 주는 모습
겨울 수제비 먹을 때
울 엄마 모습 같다

아침 이슬처럼

새벽이 가까울수록 이슬은 커져
처음 만난 햇살을 가두고
풀잎에 매달려 있다

서로가 가까울수록 커진 이슬
제 몸이 구를지언정
빛을 품고 있다

가슴을 움키는 손이 부끄럽지 말아야지
떨어져서 흩어질 조각일지라도
빛은 잃지 않는 아침 이슬처럼

김장을 한다

가을 햇살이 엉겨져
빨갛게 부서진 고춧가루와
푸른 바다에서 노닐던
멸치 떼와 새우 떼에게
숨을 쉬게 하려고
흙바닥 줄을 잘라 내고
배추들이 숨죽어 있다

깊은 바다 속 열정의 결정체
소금의 신경질도 다스리고
물결 따라 노를 젓듯
빨간 열 손가락이
물속처럼 휘저으며
한 잎으로 감싸면

하얀 눈이 오는 날이
더 좋겠지만
현명한 여인은 담벼락 달구는
햇살까지 항아리에 담아 두려
볕 좋은 날 양지에서
김장을 한다

4부
누구나 읊조리는 시 한 편 있다

누구나 읊조리는 시 한 편 있다

글 고랑에 곱곱으로 심을
글 씨앗 고르느라 잠에 엉긴 눈
배아를 위한 배젖의 헌신처럼
내면의 자존감을
시 한 줄에 채우려는 맘이겠지

해 자락인 노을이
그제야 자신의 본질을 보여 주는
태양의 자화상 같은 맘일지도 모르겠다

얽히고설킨 삶이 혼돈이 아니라
봄이면 싹이 나고
태양만큼 큰 태풍 속에서도
열매를 익게 하는 나무의 질서와 성실이 있듯

모두의 삶을 지극히 존중하고
인내심을 서로 위로하는 맘으로 시를 쓴다

누구나 읊조리는 시 한 편 있다
나로 나 되게 하는 주문이기 때문이다
결국

항아리

꽃향기랑
가는 세월을
비단처럼 펼치고

옹기종기 고향마을과
보고픈 이름을
항아리에 적어본다

맛깔스런 어머니 손맛처럼
시가 그랬으면 좋겠다
항아리처럼 늘 그 자리에서

쟁이의 촉

옷을 짓고
밥을 짓고
집을 짓는 사람처럼 머물기보다
시를 짓는 펜 끝은
허튼 세인世人에게 시원한 소리

펜촉의 먹물이 흥건하나 날카로워
거친 바위에 새겨 둘
시인의 의지는
역사 앞에 분명한 사실
진실을 알리기 위함이다

종각역 1번 출구

계절을 섞어 놓고 서둘러 찾다가
제멋대로 갖다 쓰곤
진저리난다고 한숨이다

탄광촌으로 끌려간 빨간 봉숭아
거기서 목 놓아 우는 소리 나게 하고
별마다 대롱대롱 목걸이 달아 놓고
바람을 비틀어 버리곤
시인은 홀로 슬프다 한다

밤바람도 물어다 뱉어 내고
향기가 난다고 거짓말 하는
시인의 노트는 장터에 널려 있다

피비린내 나는 시인을 만나러
한강을 건너 종각으로 간다
시인의 노트가 궁금해서다

시인인가요?

눈발이 가슴 속을 헤집어도
우는 소리를 내지 않아야 오는 것인지
하얀 매화꽃이 떠는 입술처럼 보여도
오지 않았습니다

송홧가루 그림이 부서져 갈 때도
그의 발자국은 아직 들리지 않았지요

시인의 이름으로 정해진 사람은
세상에 아무도 없다는 것을
불혹의 나이가 되어 알곤
소나기 퍼붓던 날 서럽게 울었습니다

시인이 버린 눈물만이라도 갖고 싶었지요
세상의 어둠을 정화할 수 있고
그 그림자마저도 오색으로 빛나는
빛의 사람일 것 같았으니까요

서리꽃에 향기가 나지 않아
미명에도 몸부림치고
섬광의 섭리가 가슴에 머물면
손끝이 떨려 울고 있는 이가
시인인가요?

커피향

못 이기는 술기운에
상가 앞에 쏟아낸 토사물
너나없이 고개 돌리며 해댔을 욕지거리에도
"그 속이야 오죽하랴"
가게 여주인이 뇌까리며
맑은 물 넉넉히 끼얹을 수 있는 것은
"지랄맞게 못 처먹을 걸 욕심은 왜 부려"
남편 등을 후려치며 욕을 했었고
"그래도 토해서 살았구나"
다급한 살기의 몸부림 알던 날이
떠올랐기 때문이다

헛구역질을 참고
자갈 굴리듯 빗자루를 휘젓고
커피의 향기로 속을 달래며
가을을 사는
도시의 사람들에게 안녕을 빈다

아침 커피 향기가 고급스럽다

우지강 투화
―윤동주 시인을 기리며

햇빛 따라온 줄 알았는데
우리도 별을 따라왔습니다

당신이 사랑한 하늘과 바람과 별의 시
이 땅 곳곳에 머물게 하셨군요

우지강*에서 온 바람의 노래 들릴 때
아마가세 출렁다리**에서 걸음을 멈췄습니다

마지막 심장의 펌프질처럼 가슴은 뜨거워
국화꽃 한 송이를 우지 강에 투화投花했지요

뒤돌아 가는 기차를 따라오던 무지개
일곱 번 겹겹이 약속해 봅니다

첨탑 아래서 행복한 예수 그리스도에게
허락된 십자가를 사랑했던 것처럼

주저 없이 사랑할 것들을 향해 우린

하늘과 바람과 별과 시***를

그렇게 사랑할 것을 읊조립니다

 *일본 교토 우지 시에 있는 강
**윤동주 시인이 도시샤 대학 시절 학우들과 찍은 사진이
  마지막 모습으로 남아 있는 다리
***윤동주 시인 사후에 출간된 시집 제목

1104호 강의실
-일본 릿교대에서

또 다른 고향에서
백골로 옷을 이가
한 여자만이라도 사랑하는 법을 배우려
1104호실*에 앉아 있었다지

식곤증을 벗어나려 창문을 열던
윤동주를 알고 있는 아름드리 등나무
강의가 끝나길 기다리는 것처럼
얇은 평화를 유지하고 있다

똑똑 너무 늦었나요?
문방구를 다녀오느라 그랬는데…
강의실 뒷문 손잡이를 잡고
그날처럼 잠시 머뭇거려 본다

*윤동주가 수강했던 일본 릿교대 철학 강의실.

선택

해도 후회하고
안 해도 후회할 거면
해 본 경험을 갖는 것이 낫다

말해도 오해가 되고
안 해 더 오해가 된다면
말 한 최선이 낫다

살아도 죽은 것같이 힘드나
산사람이 제삿밥 맘대로 하니
죽어 따를 수밖에 없는 처지보다 낫다

이젠

아무도 가 볼 수 없는 곳
그곳 얘기를 듣고 싶다
이젠

더 깊은 곳의 얘기
더듬어 확인한 사실을 들을 때다
이젠

뿌리의 진실은
익은 열매의 맛으로 드러난다
이젠

청춘의 심장

참새 떠난 허수아비
밤새 바람이 스쳐도
팔을 접지 않은 것은
뜨거운 심장이 없어서다

식은 손이 얹혀 있더라도
개의치 않고 진실을 말하는 것은
생명력이 솟구치는
청춘의 심장이 있을 때이다

심장의 외침을 외면하면
혀끝이 떨리고 눈꼬리도 올라가는데
거짓말의 고수는 다리를 떨며
진실을 분산시키고 있다

굴복

손 안에 머리를 처박아 두고
무릎보다 낮게
바닥에 대고 통곡하던 날

심장이 입으로 쏟아지는지
뜨거운 김이 방바닥에 흥건할 때
엉덩이가 가슴보다 높이 요동쳤습니다

짐승처럼 꺼억꺼억 알 수 없는 언어들
삶의 퇴적물 다 토해내고 나면
새 피가 심장에 흐르는지 눈빛이 맑아지더군요

땅의 소욕이 사라지고
신의 나라를 알고 싶어 하루는
신 앞에 무릎을 꿇고 굴복했지요

진실

진실을 말하려고 사는 것이다

진실을 알리지 못해
진실을 말해도 믿지 않으면
결국 삶을 포기한다

삶의 마지막은 진실이다
삶이란 진실을 남기고 가는 것이다
진실은 결국 겸손인데
우리는 아직도 교만한 것은 아닌가
겸손하게 말하는 진실은
죽음보다 얼마나 아름다운가

건드리지 마

건드리지 마
지금 버티는 모습 마지막이야
아무 말도 하지 않는 것이 나를 서 있게 하는데
어떤 대답도 원하면 안 돼
지금의 대답은 나도 장담할 수 없어

더 바라보지 마
눈물이 흐르기 전에 내 곁을 떠나
너의 변명으로 미안하다는 말도 하지 마
너의 뒷모습에 악담이 넘칠지도 몰라
내 말이 네 귀에 들리기 전에 이곳을 떠나
나도 너처럼 사랑을 만날 때까지

내 곁으로 오지 마
내 사랑은 네가 아니었다는 것을
너에게 보여 주지 못하면 널 너무 원망할 거야
사랑하기에 보내주는 내 맘
네가 알고 후회할 때는
난 이미 다른 사람 곁에 있을 테니
미안하다 말하면 난 더 화가 나서 울어버릴 걸

돌아선 네가 돌아오지 않아도 되게
날 사랑하는 어떤 사람에게
나를 맡겨 잠들고 싶어

끝까지 사랑한다는 어떤 이의 말도 의심하면서
사랑은 모두가 거짓말일 거라는
그러나 믿어야만 하는 어리석음에 나를 미워하
며 분노하며
허접스럽게 동행하여야 하겠지
모든 것을 잊고 싶어 깨어나지 않을
잠을 서둘러 청해야 해

이것만은 진심이야
꿈속이라도
아무도 만나고 싶지 않다는 것
만약 다시 하루가 주어진다면
……
만약
하루가 주어진다 해도
널 기다리지 않을 거야
이것만은 진심이야

5부
여자는 신의 딸이 되었다

여자는 신의 딸이 되었다

열일곱에 옆구리 끼워 줄 짝 만나
먼지만한 생물체 노크에 문 열어 주었을 뿐인데
놀랍게도 신의 성품으로 변해 갔다지

사람이 사람을 낳고 나니
생명수 두 개 받아들고 인내의 신으로 사는데
진액 한 방울 더 주고 싶어도 창자가 꼬이는 갈증뿐이었다나

살이 타는 듯한 아픔에 가슴을 뜯어내며
포효하는 짐승의 소리를 낸 후에
뼈가 꺾여도 삶을 그대로 순응하는
자애로운 여유

겉치레의 옷을 벗어 주고 어둠에 초라한 자신을
가두고 빛의 사람을 기다리던 여자는
사랑으로 또 인내하는 것이라고

시든 꽃은 가볍다

서로 닮고 싶어 아우성인 아이들의 고함에
남편 손에 꽃이 시드는 줄 몰랐지요
서러운 남편이 바람 따라 가는데도
나만 추운 줄 알았죠
현관문이 열려 우주의 냉각기인 듯
심장까지 까맣게 시리더니 블랙홀에 빠져들까
아이들을 놓칠 수 없어
지구 한가운데로 발을 고정시켜 놓았죠
내 눈과 마주친 착한 아이들
별도 따다 주려 새벽까지 몸부림쳤지요

어리석은 여자를 위해
등 뒤에 수줍은 꽃 건네고
산책길에 다정히 손을 잡던 사람
시든 꽃에 아파하는 가벼운 사람인 줄
그 땐 몰랐지요

꽃처럼 예쁘다 하시더니요
꽃처럼 아름답다 하시더니요

이 모습 이대로

하늘이 맺어 준 사랑하는 그대여
사는 날 동안 바라볼 텐데
끝은 어디일까요

오늘 모습 그대로 기억하며
당신을 사랑하며 이해하며 존경하며
살아가고 싶어 하늘 아버지께 간청했답니다

여기까지 오는 동안 조금 흠이 있었지만
빛나는 반지마저 빛을 잃는
수줍은 웃음이 아름답군요

내 아이가 자라면
영혼을 다해 사랑하며 감사하며
이해해 준 것이 당신이었음을 말할 것입니다

나의 마지막 온기
당신의 손을 따뜻이 하리이다

Han이 보낸 꽃

내 무덤엔
누가 보내 준 꽃이라도 괜찮아요

향기가 너무 없는 것이라도
시든 꽃이라도
나를 기억하여 보내 준 꽃이라면요

커다란 꽃다발을 기다리던 것을 기억하는
Han사람이
많이 미안해하면서 보내 준 꽃이 아니라면요

Han사람이
돌아서 갈 때
그의 꽃을 도로 보내야 해요

뒤돌아보는 눈빛에
혹시라도 후회할까 봐서요

그의 연인이
아직 기다리는 것을 알고 있거든요

뒤태

꽃처럼 예쁘다 하였지요

바라보다 만져보다
훑어보고 품어 보더니

식어진 가슴에 놀라
처절히 내팽개치고
냉정한 가슴을
다시 확인하더니 분노에 찼나요

당신 떨리는 가슴소리가
내게 들리더이다

흥분된 마음을 받아 줄
여인은 찾았겠지만
그마저도 돌아서는 뒤태는
내 가슴보다
더 차가워졌나요

세월은 가슴을
냉정하게 한다지요

텅 빈 사랑

내 마음 머문 곳은
벌써 알고 있지만
그곳에는
몸까지 머물 곳이 없어
또 방황하고 있다

텅 빈 가슴 너무 시려
뜨거운 거리를 흐느적거린다

화려한 많은 사람들 스쳐가
신음 소리에도 태연한 척
여유를 부리며 걷는다

가다 보면
또 그곳

그 길 끝에서
누구에게라도
잠시 쉬어 가고 싶다
텅 빈 가슴 채우지 못해도

이별

후회하지도
서운하지도 않아요

미워하지 않는데
이별이라고 말할 수 없죠
그것은 당신 것이겠죠

사랑엔 그대로 사랑이죠
언제나 그대로랍니다

어제도 그랬듯이
내일도 당연히
내게 있는 사랑은 변함이 없어요

다른 사랑이 온다면
이미 참 사랑이 있어 거부할래요

나이가 든다는 것

젊어 들은 얘기라면
분노가 치밀어 올라
삿대질을 할까마는
긴 한숨으로 삭히는 건
애절한 마음이 먼저서다

못하는 제 마음이야 오죽하랴
고개 떨구고 아이들처럼 방문을 닫는 뒷모습
염치도 좋게 있는 것 다 먹는다는 잔소리에
화라도 내던 때가 그립다

내일이면 다 해결된다고 헛소리 하고
잠든 남편의 모습도 징그러워
나나하니 너랑 산다고 해대는 삿대질
달밤의 체조였다

나이가 든다는 것은
애틋함이 커진다는 것일 게다

처음부터 사랑이었는데

소유하려 우는 것이 아니라
목숨 다해 사랑하는 이가
그 길 끝에서 기다리고 있다는
여전한 사랑을 몰라 주어서 우는 것이다

내 사랑을 받아 주라고 우는 것이 아니라
사랑에 목말라서 혼자 울부짖고 있어
답답해서 우는 것이다

저 길 끝에서 손 내민 이의 탄식
외쳐도 돌아보지 않아
지쳐서 내가 울고 만다

처음부터 사랑이었는데
원망하며 음부로 내려가니
진실을 말하고 싶어
내 오지랖의 몸부림이다

밤새

바람처럼 스치는 인연인 줄
새털 같은 맘으로
아무 말도 하지 않은 넌
아침도
순조로운 바람에 평심이겠지만

무릎을 꿇어서라도
진심을 말하지 못한 나는
허수아비 외다리처럼
등줄기가 굳어 비명을 삼켰다
밤새

꽃으로 살다가

그의 이름이 불릴 때
꽃다발로써 돋보이게 하려고
여자의 손에서 그에게로 간 후
가슴에 안기어 속 떨림을 감추고
영광을 빛나게 하다가

밤늦도록 나를 바라보는 주인의 눈빛
가장 행복한 미소 간직한 채
눈물을 흘리며 그가 잠든 밤

다시 아침을 맞지 않고
향기만 머리맡에 놓고 간다
꽃으로 살다가

해설

아주 착한, 사랑과 덕성의 노래

임하초의 시세계

조 명 제 (시인, 문학평론가)

1

 일찍이 『고통의 축제』라는 시집을 낸 정현종 시인은 "나는 왜 행복을 노래해서는 안 되는가."라는 고뇌에 찬 말을 한 바 있다. 이 한 마디는 근대문학 이후의 그릇된 '부정의 논리'에 대한 도전의 언어가 아니었나 싶다. 고통을 모르는 고통의 제스처는 추하다. 티브이 드라마의 경우, 위아래 구별도 없이 칼날 눈의 대립각을 세운 인물들의 대화라는 것이 철천지 원수에게나 함직한 발악적 말투요, 그걸로 끝장인가 싶던 폭악적 대화 이후, 몇 장면 다음이나 다음 회에서 멀쩡히 다시 만나서는 또 끝판의 대사를 이어간다. 이런 짜증스러운 갈등구조와 극악적 대화로 뭉쳐진 얼치기 티브이 드라마가 판치는 세상에 질린 우리는 하다못해 옛날의 해피엔딩 스토리를 그리워하게 되고, 다시 휴먼 스토리를 고대하기에 이르렀다. 갈등도 갈등다워야 해피엔딩도 면목이 서는 법이다. 근래의 티브이 드라마의 악마주의적 대립과 갈등의 구조 이후의 해피엔딩은 짜맞추기에 급급한 나머지 지극히 억지스럽고 궁색하다.

이런 가운데 금년 초에 조용히 개봉된 영화 〈패터슨〉은 목마른 우리에게 신선한 감동을 불러 일으켰다. 대립과 극한 갈등은 커녕 격정도 없는 영화였다. 대립과 갈등이 없어도 훌륭한 스토리가 되고 영화가 될 수 있다는 것을 증명이라도 하듯이, 폭력과 희화화 혹은 상식 밖의 극한 갈등으로 치닫는 한국 드라마와 영화에 대해 일침을 가하기라도 하듯이, 아련하고 잔잔한 감동을 선사했다.

정신 파괴적 정서를 보여주는, 시단 일각의 경향과 아울러 이 극악스러운 영상매체의 스토리 구조에 식상하고 질린 이 때에, 그러니까 우리는 왜 행복을 노래해서는 안 되는가라는 의식의 폭발이 환기되는 이 무렵에, 임하초 시인의 따뜻하고 인간적인 '그리움과 감사'의 속내 깊은 시 모음집 『영혼까지 따뜻한 하늘 우러러 보다』를 읽는 기쁨이 크다.

> 교회 종소리 울리면
> 전월산 자락 휘감아 돌고
> 아버지는 아침 햇살을 지고 오셨다
> 아카시아 꽃향기로 단장하던 참새 오누이
> 어머니는 대문을 열어 두셨다
> 황금빛 들판을 쓰다듬던
> 하얀 황새 언제 돌아오나
> 욕심 많던 내 삶을 돌아보며
>
> 영혼까지 따뜻한 하늘 우러러 보다
> ─「영혼까지 따뜻한 하늘 우러러 보다」 전반부

시인의 고향은 충남 연기군 양화리(지금의 세종시 연기면 양화리)인데, 해발 260미터의 전월산이 품고 있는, 전형적인 농촌 마을이다. 전월산은 조치원을 질러오는 미호천과 금강이 만나는 곳에 위치해 있다. 전월산을 배경으로 한 이 추억의 고향 마을로 시인의 그리움과 상상력은 우리를 일거에 소환한다. 맑고 건강한 아침의 시골 풍경이 '욕심 많던 내 삶을 돌아보게' 하는 그런 고향의 풍경이다. 교회 종소리가 이따금 먼 그리움처럼 들려오고, 맑은 밤하늘의 까랑한 별빛과 은근한 달을 훔쳐 볼 때, 화롯불의 온기에 기대던 동생, '새벽안개 품은 금강의 숭어 형제들', 그리고 한 몸처럼 어울려 놀던 동무들의 얼굴이 점멸하는 고향, 그 곳 그 시절을 생각하면 영혼까지 따뜻해진다는 표현의 의미를 짐작할 만하다.

산 집 작은 창문 아래서
어린 여우가 배고파 컹컹 울던 밤
젖이 모자라 칭얼대는 아기 안고 새댁도 우는데
서러움에 무서운 줄도 모르고
막대기로 내쫓았다고
어머니는 여러 번 팔을 내저으며 흉내를 내신다

더 희미한 불빛이 조는 매봉댁 굴뚝 옆에서
쫓겨 온 어린 여우의 앓는 소리에
추운 겨울 자고나 가라고
그 집 새댁은 한숨 못 자고 참았다구

물동이를 이고
돌담을 돌던 새댁들은
새끼 여우를 그냥 보내서 미안한 맘에

아침밥을 굶었다고 옛적 일을 말씀하신다

밥 끓는 소리가 시끄러운데
젊어 배고팠던 날을 굳이 아침부터 꺼내서
눈물을 훔치시며
"밥 익는 소리가 좋다"
"찰기가 좋다"라고 했을 때
노인의 시장기 때문에 그랬나보다 싶었다
―「매봉댁 아기여우」 전문

  시인이 형상해 보여주고 있는 고향의 모습은 특수한 지역의 특별한 것이 아니라 가장 전형적인 한국의 시골 풍경이다. 그러므로 시인의 구체적 고향이 연기면 양화리라고 하는 것은 2차적인 문제일 뿐이다. 기억하건대, 이 같은 시의 담론이 표상하는 모습은 1960년대 전후의 풍정風情이다. 5·60년대의 시골은 밤만 되면 늑대나 여우가 울어대고, 산짐승들이 출몰하여 아이들은 집 밖을 함부로 나다닐 수 없었다. 눈 쌓인 겨울철에는 간혹 노루가 마을로 내려와 뒷처마 아래 굴뚝 곁에서 한파를 피하기도 했다. 시「매봉댁 아기여우」는 그러므로 60년대에서 70년대 우리 농촌의 일반적인 풍경이다.

  이 시 텍스트에는 시골[고향] 생활의 서정과 함께 삶의 양상이 빚어낸 스토리가 있다. 시골집의 밤은 짐승 소리로 무서워진다. 배고픈 여우가 창문 밑에 와서 울어대기라도 할 때면 "젖이 모자라 칭얼대는 아기 안고 새댁도 우는데", 서러움에 무서운 줄도 모르고 여우를 내쫓았다고 한다. 그 새댁은 화지의 젊을 적 어머니로서, 옛적 이야기를 풀어놓은 것이다. 두려운 가운데 막대기로 어린 여우를 내쫓기는 했으나, 추운 겨울 굴뚝 옆으로 한기寒氣를 피해 찾아 들어온 어린 여우의 앓는 소리에 새댁은 한숨 못 자고 밤을 새우며 아기와 어린 여우를 위해 참아낸다. 여우 때문에 놀란 가슴이나 불편한 밤의 기억보다도 그 굶주린 어린 여우를 먹여 보내지 못해 미안한 마음에, 물을 길어 오던 착한 새댁들은 밤새의 이야기를 나누며, 자신들도 아침밥을 굶었다고, 어머니가 매봉댁과의 옛 이야기를 전해 주는 것이다. (어머니의) 가난하고 힘겨웠던 새댁시절의 이야기를 듣는 화자는 그 같은 정황을 "밥 끓이는 소리"와 자연스럽게 연결하여 마지막 연을 재치 있고 아름답게 마무리짓는다. 특별히 만만찮은 솜씨는 마지막 행에 드러나 있다. 그 시절 배고프던 나날의 기억 때문이기도 하겠지만, 시인은 그 딴전 피우기의 언술을 통해 눈물겨운 슬픔의 추억을 은근히 행간에 숨겨놓을 줄을 안 것이다.

2

　임하초 시인의 시적 상상력과 담론은 고향의식에서 비롯된다 할 것이다. 그는 「고향」이라는 제목으로 6편의 시를 써 내었다. 이미 앞에서 살펴본 작품에서도 그의 고향의식이 얼마나 깊은 것인가를 짐작게 하였듯이, 이 「고향」 시리즈는 유년시절에 각인된 고향의 옛 풍경과, 부모를 비롯한 마을 사람들의 삶의 양상, 그리고 개발의 논리에 밀려 사라져 가는 고향 상실의 심회를 진솔하게 형상해 보인 것이다. 가을이 되면 시인의 마음에는 "몇 개 남은 홍시가 석양을 홀로 즐기고/ 전월산 산등성이로 올라가던 저녁 연기/ 고향이 보인다". 마음이 먼저 고향을 향해 달려가는 것이다. 황금빛 들판, 콩중이 팥중이랑 들길 달려가는 아이, 노을로 채색된 하늘이 보이고, '코스모스 흔들거리는 사이로' 날 반기시던 아버지의 얼굴이 떠오른다(「고향 1 : 풍경」).

영등포발 열차를 타고 졸다 보면 어느 새 닿는 조치원역, 거기서 고향 마을 양화리로 가는 마을버스를 타면, 반가운 얼굴들 벌써 고향 억양의 인사를 나눈다. 장남평야 황금들판의 볏잎이 바래져 갈 때, 메뚜기는 가을의 끝을 뛰어다니고, 먹잇감 찾는 황새 뚜벅걸음에 살 오른 미꾸라지들은 눈치 빠르게 은신처로 숨어든다(「고향 2 : 양화리」).

볏가마니가 논에 많아도
어머니의 근심은 여전했었지
왕겨 속에 숨겨 둔 하얀 쌀자루
소식 끊긴 아들 올 때
씨암탉이랑 해서 보내려고
오래 숨겨 두셨다
―「고향 2」 끝부분

여느 시골 마을과 다름없는 양화리, 부모의 마음은 자식 생각, 자식 위함뿐이다.

아카시아 꽃이 하얗게 필 때면
구름이랑 뒤섞인 샘물 바라보며
목마른 참새들이 꽃잎을 던졌지요
―「고향 3 : 옹달샘」 부분

마을 은행나무 아래의 작은 옹달샘은 들길에서 돌아오는 사람들, 학교를 파하고 돌아오는 아이들이 들러 목을 축이는 감로수였고, 아카시아 꽃이며 뜬구름이 비친 샘물을 참새들이 부리로 물을 길어 목을 축인다. 이제는 '아카시아 꽃만큼 희어진 어머니 머릿결'을 보며 옹달샘의 맑은 물처럼 보살펴 드리려는 순응의 마음을 먹는다. 지극한 삶의 긍정이며 사랑의 실현이다.

「고향 3」의 끝연은 "도시 개발로 뭉개져 버린/ 고향의 샘터"를 마냥 그리워하는 대목으로 결구되어 있다. 뿐만이 아니다. "고향 집이 없으니/ 양화리 땅이 낯설고/ 정자동 이름도 낯설고"(「고향 4 : 정자동」), 외지 사람이 들어와 새 집들 지어 사는 도회지풍의 풍경에 인심도 앵청이 나루의 샘물도 옛 맛이 아니다.

철 대문 콘크리트 기둥에
문패는 양화리 125번지
여전히 선명한데

고물장수 아저씨 여지없이
철 대문 떼어 놓고
마루 밑과 헛간의 쇠붙이들 모아
콧노래를 불렀겠다
─「고향 5 : 125번지 문패」 전반부

고향의 원형原型, 고향의 인심이 파괴되고 사라져 가는 그 풍경의 중심에 시인의 고향 집이 있다. 철거 과정을 말해 주는 건물의 잔해들이 어지럽다. "철 대문 콘크리트 기둥에/ 문패는 양화리 125번지"로 선명히 달려 있지만, 눈에 익은 철 대문이며 집 안의 쇠붙이들은 고물장수가 여지없이 모아 가고, 마구잡이로 부수어 내친 방 문짝들이 마당에 어지럽게 쌓여 있다. 시인은 허물어진 고향 집의 구석구석을 다니며,

어머니가 베던 베개 하나 가져와
눕던 자리에 놔 드리며
문패라도 가져올 걸
양화리 125번지 고향집 생각하면
그리움뿐이다
─「고향 5」 부분

라고, 안타까움과 허전함과, 차오르는 슬픔을 가눌길 없어 한다.

도시화의 농촌 현실을 다룬 「고향 6」 역시 훼손되고 사라져 가는 고향의 풍경과 고향 상실의 의식이 강조되어 있다. 아련한 고향의 추억은 개발 논리에 짓뭉개지고, 과거 삶의 풍경과 문화적 전통은 '영원한 역사 속의 어둠으로 침몰하고 만' 것이다. 전통적인 풍경과 미덕이 사라져 버린 오늘, 현대인들은 고향 상실의 '타향' 혹은 타향적 고향에서 살며, 예전의 고향을 마냥 그리워하는 존재가 되었다. 임하초의 고향에 대한 시적 이미지와 담론적 형상화는 다시는 고향에 돌아갈 수 없는, 현대의 '타향'을 사는 사람들에게 전형적인 고향 풍경과 인심을 되새겨 주는 일에 값한다.

3

고향의 풍경과 삶의 양상을 그리워하는 시인은 여러 시편을 통해 유년시절의 생활상, 아버지와 어머니에 대한 추억과 그리움을 노래한다.

입춘 절기 지나

때늦은 하얀 눈 매화 송이 위로 휘몰아쳐도

　　뜨락 아래 돌절구 옆 매화가 하얗게 피어
　　아버지는 금세 봄이라며 좋아하셨습니다
─「아버지와 매화」 부분

　　때늦은 눈 내릴 때, 뜨락 아래 돌절구 옆의 매화가 피어나 봄소식을 알리자 아버지는 이제 곧 봄이라며 좋아하셨다. 고매한 설중매와, 함께 매화를 보던 아버지의 모습은 이제 볼 수 없으나 "빈 집 황토 위에 하얀 눈 내리면／ 아버지도 매화도 다시 생각나는" 고향이다. 아버지는 늘 단추 잘 끼우고, 신발은 꺾어 신지 말고, 음식 꼭꼭 씹어 먹고, 바르게 앉으라고 5남매를 다잡아 주셨다. 그 아버지는 딸을 공부시키려 큰집에 보내놓고, 갑자기 세상을 떠나 버렸다. 아직 입학식도 하지 못한 날 들려온 아버지의 부음을 접하고 그 딸은 고개 떨군 늦가을의 국화 옆에서 울며 아버지와의 영원한 이별을 했던 터였다.(「아버지 고맙습니다」)

　　들길 몇 바퀴씩 돌던 엄마의 낡은 유모차는
　　시골 때가 한가득 묻어 있어도
　　고향 햇살이라 괜찮았지요

　　내 아기 조심스레 밀고 오듯
　　무 배추 유모차에 앉혀 놓고
　　당신의 상체는 허공에서 흐느적거리는데
　　힘껏 힘이 들어간 흙 묻은 어머니의 궁둥이
　　아픈 다리를 지탱하셨지요

―「유모차」부분

　지팡이 대신 유모차에 의지하며 나들이를 하던, 노년의 어머니 모습을 여실히 그려낸 작품이다. 왔다가 돌아가는 자식들의 차에다가 호박 한 덩이라도 더 실어 주고, 꼬부라진 손 연신 흔들며 자식 떠나간 길 오래 바라보며 울던 어머니였다. 그 어머니, 이젠 고향 떠나 "자식 집의 마당 한구석에 유모차는 놔두고" 따뜻한 밥상 받고, 고향 햇살처럼 환하게 웃는다. 화자는 "아이가 되어버린 어머니"의 때를 밀어 드리며, 젖가슴은 늙어 출렁거리고, 굳은살의 뒤꿈치는 말랑해져 버린 노모의 낯설어진 몸이 환기하는 슬픔을 침묵의 언어로 담아낸다(「어머니의 향기」).
　「섣달 생일」, 「손가락 하나 접어 드리고」, 「눈빛」 등도 어머니에 대한 생각과 그리움을 형상한 작품들이다. 중년의 어미가 되어 아이 셋을 낳아 길러 본 화자는 길고 긴 고통을 견뎌낸 어머니의 시절을 추체험하며, 어머니의 아련한 기억 속으로 가곤 한다. 가난과 다산多産, 빈번한 출산의 고통과 육아, 집 안 일과 농사일 등등 어머니의 고난의 일생은 그 시대의 보편적 현실이었다. 임하초의 시는 급변하는 시대의 양상 속에서 잊혀지고 소멸되어 가는 고향풍경과 전통적 정서, 문화적 가치의 기록이라는 시대적 의의를 지니는 것이기도 하다. 작고한 평론가 김 현의 말처럼 고통의 제스처는 추하다. '고통스럽지 아니하고, 갈등이 뿌리내리지 못하는 죽음'(정현종)에 대한 인식은 가짜 갈등, 가짜 고통을 낳고, 고통의 제스처만을 보여주게 된다. 고통의 제스처가 아니라 고통을 축제로 만드는 진정성의 사유와 행간의 슬픔을 통해 행복한 감정을 유발하는 임하초의 시들은 사랑의 노래이고 덕성의 하머니이다.

따뜻한 떡이 있는 곳은
언제나 잔칫집이다

노래와 춤이 있어
서로를 가장 축복하는 곳

덕이 있는 사람의 집은
행복이 있는 집
웃음이 넘치는 집이다
─「떡을 나누다」

　시인은 "덕은 떡에서 유래되어/ 떡을 주어야 덕을 쌓아 가는 거라지// 덕을 쌓아 두면 후일에 사랑하는 사람들이/ 마음을 맛나게 하는 거라지"하며 간접 화법을 쓴다. 예부터 우리는 적선여경積善餘慶이나 적덕積德과 적덕누인積德累仁을 최고의 미덕으로 여겼다. 시인은 덕성의 아름다움을 떡을 매개로 하여 "덕이 있는 사람은/ 맛난 떡이 눈에서도 입에서도/ 마음을 술술 나누는 사람이니// 떡 하나 주면 가슴엔 따뜻한 덕이 쌓인다"는 축복의 언어로 사랑의 시를 엮어낸 것이다. 이런 시인의 마음은 창 밖 정원수에 열흘째 집을 짓는 까치 부부를 보면서 "머리 검은 짐승은 거두지 말라 했는데/ 대가리가 검은 것이 맘에" 걸려 먹을 것을 줘야 할지 말아야 할지 "세차장을 가면서 열한 번 고민하다/ 후회할 결심을 하고 만다"(「열한 번」). 까치의 배설물 따위로 세차장 갈 일이 잦아졌을 법한데, 마음 여리고 고운 시인은 미물에게도 마음 열어 온정을 베푸는 적덕의 사랑을 보여준다.
　작품 「굳이」에서도 확인되는 이 같은 관점과 태도는 덕성과 사랑의 미덕을 생의 철학으로 체득해 온 시인 고유의 사랑법이며 그의 시를 행복의 축제로 만드는 긍정의 힘이다. 시인의 시적 담론으로서의 긍정론이나 행복론은 「기다릴게」 「또다시」 「부탁해」 「심장이 뛰고 있다」 「밥」 등을 통해서 여러 방식으로 변주되어 나타난다.

> 떠나가는 사랑아/ 붙잡고 싶어서/ 몸부림으로 고함치며/ 눈물을 감추면서/ 애원할 수도 있지만
> 너의 행복을 빌며/ 괴로운 나를 달랠 수 있어//
> 떠난 너를/ 용서한다는 것이 아니라/ 더 행복하다니/ 그것이 나의 행복이기 때문이야
> ─「기다릴게」 부분

아픈 이별을 말하면서도 "나를 잊고서도 살아갈 수 있다니" 떠나가는 사람을 "눈물을 감추며" 보낸다. 떠나는 자의 행복을 위해, 더한 행복을 찾아 떠나는 자의 행복이 곧 '나'의 행복이라 여기며 사랑을 떠나보낸다. 그리고 이럴 경우 도대체 배알이 있는 것이냐는 우리의 상식을 뒤집는 대목,

> 너의 행복을 위해 견딜 테니
> 혹시라도
> 다시 찾을 때
> 기다릴게
> ─「기다릴게」 끝부분

라는 이 맥빠진 듯한 진술을 통해, 오히려 그의 사랑과 긍정의 정신을 부정할 수 없는 가치로 만들어 놓는다.

기다리고/ 있었다고/ 말하지 못하고// 사랑한다고/ 말하지 못하고// 내민 손끝만/ 떨려오는데// 뜨거운 마음/ 견디다 못해/ 가만히/ 껴안아/ 내 어깨를 다독이면// 당신도 나처럼/ 심장이 뛰고 있어/ 나를 사랑함이/ 진실인 것을/ 온몸으로 느낍니다
―「심장이 뛰고 있다」 전문

시적 화자는 가만히 껴안아 어깨를 다독여 주는 '당신'의 체온을 느끼고 심장 박동소리를 듣는다. 기다리고 있었다고 말하지도 못하고, 사랑한다는 말도 잘 못하고, 망설이며 내미는 손끝 떨면서 그러나 뜨거운 마음 견디다 못해 가만히 껴안아 주는 순진 순정표 사랑의 진실을 화자는 온몸으로 느낀다. 사랑의 순수와 긍정의 진실이 시편 전체를 감싸고 있다. 이렇듯 아름답고 순정한 사랑의 정서는 「우산 속 내게로 들어온 사람아」에서도 시인 특유의 감각적 시정詩情으로 구현된다.

우산 속 내게로 햇살처럼 들어온 사람아
남겨진 빗방울 햇살 품어 저렇게 아름다운데
내 마음 아직 아파 추억을 저 멀리 보내야
무지개처럼 아름답겠지
―「우산 속 내게로 들어온 사람아」 첫 부분

이것은 마치 한 편의 아름답고 은근한 노래의 곡조를 듣는 듯한 감정을 불러일으킨다. 임하초의 시 가운데는 운율적 유연성과 내밀한 서정성으로 하여 곡을 붙이면 훌륭한 노래가 될 만한 작품이 적지 않아 보인다.

4

　시인의 시 문장은 시집의 중후반으로 갈수록 유려한 음률로 구성됨을 보여준다. 봄과 여름, 가을로 가는 계절의 감각을 노래한 시편들에서 유연한 운율적 특성이 확인된다.

　　마른 가지 끝에서
　　숨길 수 없는 나무의 열정
　　시인의 시간에선 이미 꽃을 본다

　　어느 날 갑작스러운 소나기에
　　무지개의 화려함만 기억하지 않고
　　가을에 떠나는 것에 슬퍼도
　　후회로 노래하지 않는다

　　하얀 눈이 햇살을 가려서
　　낙엽 속 풀벌레 아우성이
　　시인이 부른 봄으로 견디고 있다

　　시를 쓰는 손끝이 오늘도 아름답다
　　─「봄은 무엇으로 견디는가」 전문

　봄은 찬바람 부는 낙엽의 가을과 설한雪寒의 겨울을 어떻게 견디고 나며 꽃을 예비하는지를 시인의 예리한 눈길과 상상력으로 표현하고 있다. 시인의 감각과 상상력은 시간을 뛰어넘어 가을이나 겨울 속에서 봄의 생명력과 사랑의 전령인 꽃을 본다. '시를 쓰는 손끝'은 시인만이 아니라, 변화와 변신으로 언제나 놀라운 생명의 현실을 보여주는 계절 자체이기도 한 것이다. 시인은 사랑과 감동의 눈길로 봄꽃을 찬미하고(「봄의 예찬」), "논두렁 검부라기 사이로" 혹은 "텃밭 참새 발자국 사이로" 촉을 내미는 냉이와 쑥, 민들레와 잡초의 생태를 관찰하여 시로 쓴다. 그리고 그 구별하기 어려운 촉들이 "봄 기운 한나절이면" 약초가 될지 아니면 쌍떡잎이 될지를 빤히 내다본다(「촉」). 시인은 인간사회에 있어서도 떡잎을 보면 안다든지 떡잎이 노랗다는 말로 한 사람의 가능성이나 됨됨이를 규정하기도 한다는 사실을 함축하고 싶었는지도 모른다.

객관적 상관물의 절묘한 표현 "할머니 무릎 염증처럼 물컹해진 고추"(「여름 보내기」)의 여름을 보내고, 단풍의 품위와 "굶주린 날짐승의 발가락 사이로/ 붉게 흘러내리는 홍시를 보고/ 주인은 몇 개 더 그들의 몫으로 두고"(「홍시」) 돌아서는 가을을 지나며 시인은 다시 아버지 어머니를 생각한다.

> 사람들의 양심은 늙음보다 빠르게 변색되고
> 깨끗하던 심령이 같잖게 삭아 버려
> 무릎 사이 머리는 의구심으로 떨고 있다
> ─「가을의 기도」 부분

그런 혼탁한 세상에 대해, 가을의 결실에 감사하고 자연에 순응하시던 어버이의 가슴으로 가을엔 사랑의 기도를 한다.

겨울로 접어들면 외양간 어미 소는 허옇게 입김을 뿜으며 되새김질을 하고, 어린 송아지는 눈 쌓인 텃밭을 철없이 뜀박질하다 어미 소의 염려스러운 나무람을 듣는다. 영양 쇠죽에 성급히 다가드는 송아지를 막아 선 어미 소가 "구유의 여물을 식혀서 혀끝으로 주는 모습"이, 겨울날 수제비를 먹을 때 조심시키시던 어머니 모습과 다르지 않다(「어미 소」). 어느 시인의 표현처럼 사람이 풍경으로 피어날 때가 가장 아름다운 것이 아니겠는가.

  아무도 가 볼 수 없는 곳
  그곳 얘기를 듣고 싶다
  이젠

  더 깊은 곳의 얘기
  더듬어 확인한 사실을 들을 때다
  이젠

  뿌리의 진실은
  익은 열매의 맛으로 드러난다
  이젠
  ─「이젠」 전문

어쩌면 이 작품은 시인의 시론인지도 모른다. 시는 시 아닌 것 저 너머에 있고, 시는 아직 태어나지 않은 침묵 속에 있다는 필자의 화두에 그는 자신의 시적 화두를 내건 것일까. 시는 어쩌면 "아무도 가 볼 수 없는 곳" 그 곳 어디의 세계일 것이다. 그리고 체험과 확신의 토대 위에서 대상의 철저한 변용을 통해 뿌리의 진실이 잘 익은 열매의 풍요로운 맛으로 결과되어야 할 터이다.

한편 "해 자락인 노을이/ 그제야 자신의 본질을 보여주는/ 태양의 자화상 같은 마음"으로, "누구나 읊조리는 시 한 편이 있다/ 나로 나 되게 하는 주문이기 때문이다/ 결국"이라는 시의 과정을 읊은 작품 「누구나 읊조리는 시 한 편이 있다」를 읽을 때, 최근 일련의 '미투 Me Too' 운동에 걸려 그 허상의 실체가 공개적으로 드러난 한 시인을 떠오르게 한다. 예로부터 개관사정蓋棺事定, 개관논정蓋棺論定이라 했는데, 전국 곳곳에 '괴물'로 비유된 그의 생전 시비詩碑가 세워졌었고, 이념적 추종세력에 의해 우상화되어 영화와 위세를 누려 왔다.

  삶의 마지막은 진실이다
  삶이란 진실을 남기고 가는 것이다
  진실은 결국 겸손인데
  우리는 아직도 교만한 것은 아닌가
  겸손하게 말하는 진실은
  죽음보다 얼마나 아름다운가
  ─「진실」끝연

"진실을 말하려고 사는 것"이라는 임하초의 믿음처럼 시인은 진실과 성실을 벗으로 삼아야 할 것이다.

5

시인은 시집의 제5부에서, 여자로서의 삶과 한 남편의 아내로서의 삶, 그리고 고뇌의 역정歷程 등을 담담히 노래한다. 「여자는 신의 딸이 되었다」에서는 여자의 창조적 운명과 생식生殖의 과정, 산고와 순응의 자애로움, 희생과 인내의 숙명을 읊고 있다. 「시든 꽃은 가볍다」 「이 모습 이대로」 「뒤태」 「텅 빈 사랑」 「이별」 「나이가 든다는 것」 등등에서, 대개의 부부가 그러하듯 부부의 사랑과 갈등, 원망과 이별의 감정, 인내와 이해와 용서 등 복잡한 심리적 현상들이 교차하는 회포를 처연하게 노래한다. 유연한 문체에 진솔하면서도 당당한 경험적 의지가 녹아 있는 가운데, 포용과 수렴의 여성적 미덕을 절도 있게 승화한 가편佳篇들이다. 고뇌와 고통의 순간들을 넘어선 작품 「이 모습 이대로」를 인용해 보인다.

   하늘이 맺어 준 사랑하는 그대여
   사는 날 동안 바라볼 텐데
   끝은 어디일까요

   오늘 모습 그대로 기억하며
   당신을 사랑하며 이해하며 존경하며
   살아가고 싶어 하늘 아버지께 간청했답니다

   여기까지 오는 동안 조금 흠이 있었지만
   빛나는 반지마저 빛을 잃는
   수줍은 웃음이 아름답군요

   내 아이가 자라면
   영혼을 다해 사랑하며 감사하며
   이해해 준 것이 당신이었음을 말할 것입니다

   나의 마지막 온기
   당신의 손을 따뜻이 하리이다

임하초 시인의 첫 시집 『영혼까지 따뜻한 하늘 우러러 보다』의 세계는 사라져 가는 옛 고향의 풍경과 어버이에 대한 그리움, 농촌적 삶의 양상과 문화적 전통에 대한 안타까움을 기초로, 사랑과 덕성의 긍정적 인생관을 진정성의 시학으로 승화한 특성을 보여준다. 온유하고 넉넉하면서도 당당한 그의 여성적 미덕이, 격한 고통의 제스처만을 흔히 보여주는 어지러운 시대에 마침내 행복의 감정으로 독자들의 마음을 '진실'로 이끌 것이다. 이런 그의 매혹적인 마음, 집중적인 정신력이 첫 시집의 다소 부족한 면들을 넉넉히 다듬어 완전성을 향해 전진할 것으로 믿는다. 첫 시집은 그런 점과의 약속이기도 한 것이다. ●

see in 시인특선 024

임하초 시집
영혼까지 따뜻한 하늘 우러러 보다

제1쇄 인쇄 2018. 5. 25
제1쇄 발행 2018. 5. 30

지은이 임하초
펴낸이 서정환
엮은이 민윤기
펴낸곳 문화발전소
서울시 종로구 삼일대로 32길 36 운현신화타워 305호
see편집국 : 서울시 종로구 종로 1가 르메이에르 종로타운 1031호
Tel 02-742-5217 Fax 02-742-5218

ISBN 979-11-87324-20-1 04810
ISBN 979-11-953101-1-1 (세트)

「이 도서의 국립중앙도서관 출판예정도서목록(CIP)은
서지정보유통지원시스템 홈페이지(http://seoji.nl.go.kr)와
국가자료공동목록시스템(http://www.nl.go.kr/kolisnet)에서
이용하실 수 있습니다.(CIP제어번호: CIP2018014537)」

값 10,000원

ⓒ 2018 임하초
PRINTED IN KOREA

*저자와의 협약에 따라 인지는 생략합니다.
*파본 및 제본이 잘못된 책은 구입서점에서 교환하여 드립니다.
*이 책은 저작권법에 의하여 보호받는 저작물이므로
 이 책의 전부 또는 일부를 재사용하려면
 반드시 문화발전소와 저자의 허락을 받아야 합니다.